I0816362

Marginales

Nuevos textos sagrados

Colección dirigida por
Antoni Marí

José Emilio Pacheco

MIRO LA TIERRA

[POEMAS 1984-1986]

Diseño de la colección: Clotet-Tusquets
Ilustración de portada: © Alicia Sandoval
Fotografía del autor: © Rogelio Cuéllar Ramírez
Colección: Marginales
Serie: Nuevos textos sagrados

Bajo el sello editorial TUSQUETS M.R.
Avenida Presidente Masarik núm. 111,
Piso 2, Polanco V Sección, Miguel Hidalgo
C.P. 11560, Ciudad de México
www.planetadelibros.com.mx

Primera edición en formato epub: febrero de 2025
ISBN: 978-607-39-2490-0

Primera edición impresa en México: febrero de 2025
ISBN: 978-607-39-2247-0

Impreso en los talleres de Impregráfica Digital, S.A. de C.V.
Av. Coyoacán 100-D, Valle Norte, Benito Juárez
Ciudad de México, C.P. 03103
Impreso en México - *Printed and made in Mexico*

Miro la tierra, aíslo
en mis ojos, atento, una pulgada.
¡Qué desconsolador, feroz y amargo
lo que acontece en ella!

Rafael Alberti, *El otoño, otra vez*

I

LAS RUINAS DE MÉXICO (ELEGÍA DEL RETORNO)*

* *Las ruinas de México (Elegía del retorno)* se inscribe a la memoria de los muertos de septiembre, se dedica a Marcelo Uribe y a Hugo Gutiérrez Vega y es un testimonio de gratitud para quienes me acompañaron en aquellos días de 1985: Ricardo Aguilar, Coral Bracho, Julio Bracho, Elizabeth Daghlián, Rosario Ferré, Efraín Kristal, Daniel López Acuña, Amelia Mondragón, Danusia Meson, Alejandro Moreno, José Miguel Oviedo, Graciela Palau de Nemes, Martha Paley de Francescato, Lucinda Ruiz, Fernando Sánchez Mayans, Linda Scheer, Saúl Sosnowski, Graciela Uequín y Hugo J. Verani. El 18 de septiembre yo estaba en Maryland; logré volver a México el 21 y pasar aquí la primera semana posterior al terremoto. *Las ruinas de México* intenta aproximarse a esa doble experiencia.

Y entonces sobrevino de repente un gran terremoto.

Hechos de los Apóstoles 16, 26

Volveré a la ciudad que yo más quiero
después de tanta desventura, pero
ya seré en mi ciudad un extranjero.

Luis G. Urbina, *Elegía del retorno* (1916)

I

1

Absurda es la materia que se desploma,
la penetrada de vacío, la hueca.
No: la materia no se destruye,
la forma que le damos se pulveriza,
nuestras obras se hacen añicos.

2

La tierra gira sostenida en el fuego.
Duerme en un polvorín.
Trae en su interior una hoguera,
un infierno sólido
que de repente se convierte en abismo.

3

La piedra de lo profundo late en su sima.
Al despetrificarse rompe su pacto
con la inmovilidad y se transforma
en el ariete de la muerte.

4

De adentro viene el golpe,
la cabalgata sombría,
la estampida de lo invisible, explosión
de lo que suponemos inmóvil
y bulle siempre.

5

Se alza el infierno para hundir la tierra.
El Vesubio estalla por dentro.
La bomba asciende en vez de caer.
Brota el rayo en un pozo de tinieblas.

6

Sube del fondo el viento de la muerte.
El mundo se estremece en fragor de muerte.
La tierra sale de sus goznes de muerte.
Como secreto humo avanza la muerte.
De su jaula profunda escapa la muerte.
De lo más hondo y turbio surge la muerte.

7

El día se vuelve noche,
polvo es el sol,
el estruendo lo llena todo.

8

Así de pronto lo más firme se quiebra,
se tornan movedizos concreto y hierro,
el asfalto se rasga, se desploman
la vida y la ciudad. Triunfa el planeta
contra el designio de sus invasores.

9

La casa que era defensa contra la noche y el frío,
la violencia de la intemperie,
el desamor, el hambre y la sed,
se reduce a cadalso y tumba.
Quien sobrevive queda prisionero
en la arena o la malla de la honda asfixia.

10

Sólo cuando nos falta se aprecia el aire,
cuando quedamos como el pez atrapados
en la red de la asfixia. No hay agujeros
para volver al mar que era el oxígeno
en que nos desplazamos y fuimos libres.
El doble peso del horror y el terror
nos ha puesto
fuera del agua de la vida.

Sólo en el confinamiento entendemos
que vivir es tener espacio.
Hubo un tiempo
feliz en que podíamos movernos,
salir, entrar y ponernos de pie o sentarnos.
Ahora todo cayó. Ha cerrado
el mundo sus accesos y ventanas.
Hoy entendemos lo que significa
una expresión terrible:
sepultados en vida.

11

Llega el sismo y ante él no valen
las oraciones ni las súplicas.
Nace de adentro para destruir
todo lo que pusimos a su alcance.
Sube, se hace visible en su obra atroz.
El estrago es su única lengua.
Quiere ser venerado entre las ruinas.

12

Cosmos es caos pero no lo sabíamos
o no alcanzamos a entenderlo.
¿El planeta al girar desciende
en abismos de fuego helado?
¿Gira la tierra o cae? ¿Es la caída
infinita el destino de la materia?

Somos naturaleza y sueño. Por tanto
somos lo que desciende siempre:
polvo en el aire.

II

Las piedras que hay en oscuridad y en sombra
de muerte abren minas lejos de lo habitado.
En lugares ignotos donde el pie no se posa se
suspenden y balancean.

Job 28, 4-5

1

Crece en el aire el polvo,
llena los cielos.
Se hace de tierra y de perpetua caída.
Es lo único eterno.
Sólo el polvo es indestructible.

2

Avanzo, doy un paso más,
miro de cerca el infierno.
Muere el día de septiembre
entre la asfixia y los gritos.

Arañamos las piedras y brota sangre.
Todo el peso del mundo se ha vuelto escombro.
La palabra *desastre* se ha hecho tangible.

Se hundió la casa de papel, el cuarto de juegos
de un niño inexplicable que al despertar
aplastó sus cubitos de hojalata.
Pero no hay juego.
Sólo personas que se mueren,
gente que ha muerto, seres humanos
que si salieran vivos del tormento entre escombros
habrían dejado entre el montón de ruinas
brazos y piernas.
Nadie está a salvo.
Aun al quedar ilesos hemos perdido
nuestro ayer y nuestra memoria.

3

De aquella parte de la ciudad que por derecho
de nacimiento y crecimiento, odio y amor
puedo llamar la mía (a sabiendas
de que nada es de nadie),
no queda piedra sobre piedra.

Ésta que allí no ves, que allí no está
ni volverá a alzarse nunca, fue en otro mundo
la casa en que abrí los ojos.
La avenida que pueblan damnificados
me enseñó a caminar.
Jugué en el parque
hoy repleto de tiendas de campaña.

Terminó mi pasado.
Las ruinas se desploman en mi interior.
Siempre hay más, siempre hay más.
La caída no toca fondo.

4

Para talar un árbol de cierta edad
no empieces nunca
por el durísimo tronco:
primero corta las raíces,
el cordón que ata el árbol a la tierra,
madre, sustento y memoria.

Para que exista el árbol ha de haber tierra.
Para vivir necesitamos aquello
que derribó el inmenso hachazo en segundos.

5

Suelo es la tierra que sostiene,
el piso que ampara, la fundación
de la existencia humana. Sin él
no se implantan ciudades ni puede alzarse el poder.
«Los pies en la tierra»
decimos para alabar la cordura,
el sentido de realidad.
Y de repente
el suelo se echa a andar,
no hay amparo:
todo lo que era firme se viene abajo.

6

Dondequiera que pises no habrá refugio.
El suelo puede ser de nuevo mar, encresparse.
Hasta el muro más fuerte se halla en peligro.
No se alzan ciudadelas contra el terror.
Nuestra tierra no es tierra firme.

7

A los amigos que no volveré a ver,
a la desconocida que salió a las seis
para ir a su trabajo de costurera o mesera;
a la que iba a la escuela para aprender
computación e inglés en seis meses,
quiero pedir disculpas por su vida y su muerte.

Ruego que me perdonen porque nunca encontraron
su rostro verdadero en el cuerpo de tantos
que ahora se desintegran en la fosa común
y dentro de nosotros siguen muriendo.

Muerto que no conozco, mujer desnuda
sin más cara que el yeso funeral,
el sudario de los escombros, la última
cortesía del infinito desplome:
tú, el enterrado en vida; tú, mutilada;
tú que sobreviviste para sufrir
la inexpresable asfixia: perdón.

No pude darles nada.
Mi solidaridad de qué sirve.
No aparta escombros, no sostiene las casas
ni las erige de nuevo.
Pido, al contrario,
para salir de mis tinieblas,
la mano imposible
que ya no existe o ya no puede aferrar
pero se extiende todavía
en un espacio de dolor o en un confín de la nada.

Perdón por hallarme aquí contemplando,
en donde estuvo un edificio,
el hueco profundo,
el agujero de mi propia muerte.

8

Para los que ayudaron, gratitud eterna, homenaje.
Cómo olvidar —joven desconocida, muchacho anónimo,
anciano jubilado, madre de todos, héroes sin nombre—
que ustedes fueron desde el primer minuto de espanto
a detener la muerte con la sangre
de sus manos y de sus lágrimas;
con la certeza
de que el otro soy yo, yo soy el otro,
y tu dolor, mi prójimo lejano,
es mi más hondo sufrimiento.

Para todos ustedes acción de gracias perenne.
Porque si el mundo no se vino abajo
en su integridad sobre México
fue porque lo asumieron
en sus espaldas ustedes,
héroes plurales, honor del género humano,
único orgullo
de cuanto sigue en pie sólo por ustedes.

9

Reciba en cambio el odio,
también eterno, el ladrón,
el saqueador, el impasible, el despótico,
el que se preocupó de su oro y no de su gente,
el que cobró por rescatar los cuerpos,
el que reunió fortunas de quince mil millones de escombros
donde resonarán perpetuamente los gritos
de quince mil millones de muertos.

Que para siempre escuche el grito de los muertos
el que se enriqueció traficando
con materiales deleznables,
permisos fraudulentos de construcción,
reparaciones bien cobradas y nunca hechas.

Cubra la sangre el rostro del ladrón,
jamás encuentre reposo,
la asfixia sea su noche,
su vida el peso conjunto
de todas las paredes arrasadas.

10

Con qué facilidad en los poemas de antes hablábamos
del polvo, la ceniza, el desastre y la muerte.
Ahora que están aquí ya no hay palabras
capaces de expresar qué significan
el polvo, la ceniza, el desastre y la muerte.

11

Secamos toda el agua de la ciudad, destruimos,
por usura, los campos y los árboles.
En vez de tierra a nuestras plantas quedó
un sepulcro de fango árido
y rencoroso, malignamente incapaz
de amparar lo que sostenía.

La ciudad ya estaba herida de muerte.
El terremoto vino a consumar
cuatro siglos de eternas destrucciones.

12

El niño que se aburre en el jardín avizora
la columna de hormigas. Van al trabajo,
intercambian informaciones. Qué gran esfuerzo
llevar a cuestas su brizna o su fragmento de mosca.
Qué ordenado parece desde allá arriba
este mundo de hormigas. (En su interior
ha de ser como otro cualquiera
y bullir en discordia, tedio, ansiedades,
aguda conciencia
de la mortalidad de todo y todos.)

En la visión del niño las hormigas
semejan partes de un reloj.
Va a romperlo.
Como una forma de poder imbatible
el niño destruye
casas, columnas, obras, galerías.

A unos centímetros
el mundo sigue igual. Crecen las hojas,
el árbol se endurece en su quietud,
cae el polvo en la luz, el tiempo gira
—y la ciudad de hormigas ya no existe,
ya sólo es un montón de ruinas dolientes
y seres diminutos que padecen
su agonía entre escombros.

El niño, concluida su labor,
se dispone a algún otro juego.

III

> Llorosa Nueva España que, deshecha,
> te vas en llanto y duelo consumiendo…
>
> Francisco de Terrazas,
> *Nuevo Mundo y conquista*

1

La tierra desconoce la piedad.
El incendio del bosque o el suplicio
del tenue insecto bocarriba que muere
de hambre y de sol durante muchos días
son insignificantes para ella
—como nuestras catástrofes.
La tierra desconoce la piedad.
Sólo quiere
prevalecer transformándose.

2

La tierra que destruimos se hizo presente.
Nadie puede afirmar: «Fue su venganza».
La tierra es muda: habla por ella el desastre.
La tierra es sorda: nunca escucha los gritos.
La tierra es ciega: nos observa la muerte.

3

Los edificios bocabajo o caídos de espaldas.
La ciudad de repente demolida
como bajo el furor de los misiles.
La puerta sin pared, el cuarto desnudo,
harapos de concreto y metal que fueron morada
y hoy forman el desierto de los sepulcros.

4

Mudo alarido de este desplome que no acaba nunca,
las construcciones cuelgan de sí mismas. Parecen
grandes camas deshechas puestas de pie
porque sus habitantes ya están muertos.
Pesa la luz de plomo. Duele el sol
en la Ciudad de México.

5

El lugar de lo que fue casa lo ocupa ahora
un hoyo negro (y representa al país entero).
Al fondo de ese precario abismo yacen pudriéndose
escombros y basura y algo brillante.
Me acerco a ver qué arde amargamente en la noche
y descubro mi propia calavera.

6

Isla en el golfo de la destrucción plural indiscriminada,
nunca estuvo tan sola esta casa sola.
No se dobló ni presenta grietas.
Contra la magnitud del sismo la pequeñez
fue la mejor defensa.
Sigue indemne, pero deshabitada.
Nadie quiere ser náufrago
en este mar de ruinas donde nada previene
contra el oleaje de la piedra.

7

Del edificio que desventró en su furia salvaje
al embestir el toro de la muerte,
brotan varillas como raíces deformadas.
Sollozan hacia adentro
por no ser vegetales,
capaces de hundirse en tierra, renacer,
a fuerza de paciencia reconstruirse,
y levantar lo caído.

Raíces inorgánicas estas varillas que nada más soportan
su irremediable vergüenza.
Las vencieron
la corrupción y la catástrofe. Parecen
tallos sobrevivientes de árbol caído.
Pero son flechas
que apuntan a la cara de los culpables.

8

Entre las grandes losas despedazadas, los muros
hechos añicos, los pilares, los hierros,
intacta, ilesa,
la materia más frágil de este mundo:
una tela de araña.

9

Esos huecos sembrados
con tezontle color de sangre
o plantas moribundas
que algunos llaman «jardines»,
tratan de conjurar la omnipotencia de la muerte
y no logran
sino que llene su vacío la muerte.
(Quizá «vacío»
es el nombre profundo de la muerte.)

Al pisar
los monumentos que la nada erigió a la muerte
sentimos
que allá abajo se encuentran todavía
desmoronándose los muertos.

10

Las fotos más terribles de la catástrofe
no son fotos de muertos. Hemos visto
ya demasiadas. Éste es el siglo
de los muertos. Nunca hubo tantos
muertos sobre la tierra. ¿Qué es un periódico
sino un recuento de muertos
y objetos de consumo para gastar
la vida y el dinero y ocultarnos tras ellos
contra la omnipotencia de la muerte?

No: las fotos más atroces de la catástrofe
son esos cuadros en color donde aparecen muñecas
indiferentes o sonrientes, sin mengua, sin tacha,
entre las ruinas que aún oprimen
los cadáveres de sus dueñas, la frágil vida
de la carne que como hierba ya fue cortada.

Invulnerabilidad de los plásticos que en este caso
tuvieron nombre
y existencia de alguna forma.
Acompañaron, consolaron, representaron la dicha
de aquellas niñas que intolerablemente nacieron
para ver desplomarse su futuro
en el fragor de este fin de mundo.

11

Hay que cerrar los ojos de los muertos
porque vieron la muerte y nuestros ojos
no resisten esa visión.
Al contemplarnos
en esos ojos que nos miran sin vernos
brota en el fondo nuestra propia muerte.

12

Esta ciudad *no tiene historia,*
sólo martirologio.
El país del dolor,
la capital del sufrimiento,
el centro deshecho
del inmenso desastre interminable.

IV

Patria, patria de lágrimas, mi patria.
GUILLERMO PRIETO

1

Si volvieran los muertos
no te reconocerían, ciudad
manchada por el desastre,
capital del vacío.

Fluye la noche inerme, continúa
su infinito desplome,
envuelve las ruinas
con un nuevo dolor que lo cubre todo.

2

Al regresar, me decía, no encontraré lo que estuvo;
únicamente me espera
lo que sobrevivió. Lo demás
será muñón o árbol talado, allí enmedio
de cuanto mordió el polvo, o más bien
de cuanto fue mordido por el polvo.

3

El polvo del derrumbe flota en el aire.
Es invisible aunque su peso asfixia.
¿No ha de llegar el fin de la catástrofe?
Polvo y ruinas
¿serán los amos de la Nueva España?

4

Al respirar usurpamos
el aire que faltó a los enterrados en vida.
Extraño azar el de seguir aún vivos
a la sombra de tantos muertos.

5

Hay terror en la luna que brilla plena entre escombros.
Porque la luna es un desierto flotante, un espejo
de lo que nuestra tierra será algún día.
Ni árbol ni pájaro.
Continentes de arena helada, mares sin agua,
huellas de un terremoto planetario,
acre silencio que por fin ha anulado,
innumerable, el gran clamor de los muertos.

6

Lo que ayer fue jardín es hoy desierto de hojas.
Ya se quemó el otoño, sólo perduran
los árboles inermes en su hojarasca, su ruina.
Y pasado el invierno recobrarán su grandeza.
En cambio los muertos
ya no verán la otra primavera.
La ciudad
jamás renacerá como estas hojas.

7

No existe el pesimismo. Uno apuesta a la vida
al levantarse de la cama, hacer proyectos, hablar.
El mundo se sostiene en la creencia
de que la muerte y la tragedia pactaron
nada más con nosotros y nos dejan tranquilos
para que todo siga mediobien, mediomal
—hasta que un día irrumpe la catástrofe.

8

Después de cada gran catástrofe siempre buscamos
advertencias, augurios, premoniciones.
Supongo que se trata de una protesta
contra lo inesperado, una precaria defensa
contra el desastre que aún no llega.
Vivir exige
suponernos invulnerables.
De otra manera
no cruzaríamos la calle.
Ahora sabemos
que de nada sirve encerrarse:
cualquier desastre
lleva la muerte al más seguro refugio.

9

Los animales avisaron, intentaron hablar
y no entendimos las señales.
El perro San Bernardo, siempre cordial
y a quien se trata con extremo cariño,
lloró todas las noches meses enteros.
El gato que sólo aspira a comer y a dormir
no cerraba los ojos y escuchaba el subsuelo.
Las viejas cucarachas aumentaron
su pánico ajetreado.
Las hormigas llenaron todas las casas.
Las ratas estuvieron más activas que nunca.
Innumerables peces
se dejaron morir en los acuarios.

Y nunca habían zumbado tantas moscas azules.

10

«Nada es eterno» era una simple frase,
pero nunca creímos
que nos tocaría ver el final de todo en segundos.
¿Para qué construir ciudades, seguir aquí, tener hijos
si basta un estallido de la furia ciega sin nombre
para acabar con todo lo que somos?

11

Conquistar el poder, el oro, la forma perfecta
del arte o de los cuerpos. Abrirse paso
hasta la cima imaginaria. Disciplinarse, esforzarse.
Negar todo placer y tentación. Alcanzar
la santidad o la maldad suprema.
Llegar a la invisible meta codiciada por tantos.
Subir, plantar la bandera, decirle al mundo:
Quién como yo, admiradme
—y en ese instante se desencadena,
crece, vibra y estalla y derrumba todo
el que nadie esperaba, el terremoto.

12

Parto de aquí bajo la lluvia.
El día en los bosques cayó
y se humedece en las hojas.
Adonde voy no existe ya bosque alguno.
Sólo el desierto de las ruinas
y en torno suyo
lo que aún sigue en pie se afantasma.

V

Facilis descensus Averni.
Eneida VI, 58

1

Era de noche. Fuimos a la playa
para buscar almejas y comerlas asadas
en la fogata que encendimos cerca del muelle.
Al excavar la arena descubríamos
a la almeja en quietud. Todo el reposo
transformado en tortura y muerte.
Aquella noche no pensamos en que un día
la ciudad iba a correr la misma suerte
de la almeja en la playa.

2

Una semana antes del desastre encontraron
los restos del *Titánic* en el fondo del mar.
Pasado el terremoto dijimos todos:
la ciudad zozobró en la tierra,
se estrelló contra un áisberg invisible,
cayó de bruces en el abismo del polvo,
lo más hondo se alzó para devorarla.

(Aquí también como en el *Titánic*
el mayor número de víctimas fue cosechado
entre el pasaje de tercera clase.)

3

Desde el punto de vista de quien murió
o ha sufrido las consecuencias,
durante esos minutos
el universo se cayó,
se derrumbaron planetas.
Fue una catástrofe cósmica:
galaxias desplomándose, hoyos negros
devorando el espacio entero.

4

Era tan bella (nos parece ahora)
esa ciudad que odiábamos y nunca
volverá a su lugar.

Hoy una cicatriz parte su cuerpo.
Jamás podrá borrarse. Siempre estará
dividiéndolo todo el terremoto.

5

Nadie piensa en las siete como una hora
propicia a los desastres. Más bien creemos
que las grandes catástrofes sólo ocurren de noche.
En sí misma la noche parece trágica.
(Las tinieblas, velos del mal;
la oscuridad, sinónimo de luto.)
La noche nos alarma pues nadie sabe
si el sol reaparecerá a la hora debida.
En la ancestral caverna inventamos de noche
a los demonios y a los dioses.
Reservamos la noche para la muerte
y en cambio transformamos la mañana
en símbolo de vida y renovación,
de esperanza en una palabra.
Al regresar el sol quedan deshechos
los miedos y los males.
La luz que inventa el día protege al mundo.
Por eso duele como una doble traición
el terremoto de las siete.

6

Cuánto tiempo debe de estar guardada la lluvia
en una tierra que desconoce la nieve
para que en la secreta primavera del valle
las flores se abran en perpetuo comienzo,
reverdezcan los árboles, brote la hierba
y la belleza del mundo
se oponga a la fealdad que es culpa nuestra.

7

He visto muchas veces a las ratas de México,
las grandes habitantes de la noche de México:
despanzurradas, envenenadas, pudriéndose.
Sólo una vez miré su plenitud escurridiza
en un alba de piedra impenetrable.
Las ratas me siguieron por San Juan de Letrán,
esquina tras esquina, retadoras, burlándose
con chillidos bien descifrables:
«No oses dañarnos ni nos veas desde arriba.
Mucho menos cantes victoria.
Quieras o no
será nuestra la última palabra».

Frente al Salto del Agua me dejaron en paz.
No adiós sino hasta luego me dijeron las ratas:
«Allá abajo nos vemos».

8

No he vuelto a ver gorriones,
los ocelados sin ley ni hogar ni futuro
que eran los dueños de la calle, los amos
de árboles moribundos y cornisas en ruinas.

No he vuelto a ver gorriones ni palomas:
hoy ésta es la ciudad de las moscas azules.

9

Enjambran, tejen, amotinan, deslíen
su rococó zumbante las moscas azules
en su traje de luces que un día también
será bordado en mi taller de tinieblas.

Minueto, rumba, vals de circo o marcha guerrera,
vibra la danza de las moscas azules
en ésta que es ahora la ciudad de los muertos.

Ángeles condenados al subsuelo y hoy al escombro,
abejas poderosas: todas son reinas.
Qué democracia la de estas moscas azules.
Qué poderío el de las incansables que retan
con el color y el zumbido.
Qué saber y gobierno los de estas moscas azules,
hoy dueñas y señoras en el valle de México.

La dictadura de las moscas azules,
omnipotentes, victoriosas, vencedoras soberbias.
La siempre invicta fuerza aérea implacable,
el orgullo más grande y más humilde
entre las huestes de la muerte.

Ellas no tienen miedo de la noche de México.
Son las nuevas luciérnagas. Se adueñan
de las tinieblas y las hienden brillando.
Sólo estas moscas
reinan sobre el estrago y se apropian de todo.
Las flores del desastre, las pregoneras
de los muertos que hay en el aire.

10

La hija de la muerte se va a morir también. Patalea
la mosca azul agonizante que expira ahíta
del cadáver en que nació. Ha devorado
todo su capital pero a la vez ha cumplido
con su deber y su ética.
Vivió sólo para ultimarnos,
para limpiar este mundo
de la triste carroña que seremos.

No hay mosca azul para la mosca azul.
El triunfo de la muerte beneficia por último
a las dueñas del mundo: las hormigas.

11

Jamás aprenderemos a vivir
en la epopeya del estrago.
Nunca será posible aceptar lo ocurrido,
hacer un pacto con el sismo,
olvidar a los que murieron.

12

Con piedras de las ruinas ¿vamos a hacer
otra ciudad, otro país, otra vida?
De otra manera seguirá el derrumbe.

II

LAMENTACIONES Y ALABANZAS

Me dije: Lo peor ha quedado atrás,
ya soy viejo.
Lo peor aún está por venir,
sigo vivo.

Jaroslav Seifert,
El monumento a la peste

Cetrería de Caín

Soy dueño de un espléndido animal.
Tiene garfios brutales para sacarte los ojos,
pico de acero y dientes de latón
para roerte las entrañas.

Su único defecto es ser bicéfalo y doble.
A cada golpe de su garfio y su pico
me deja hecho pedazos.

Todo lo que hace contra los demás
al mismo tiempo lo ejecuta en mi cuerpo.

A la orilla del Ganges

A la orilla del Ganges aguardé,
por espacio de cuatro siglos,
el cadáver de mi enemigo.

Vi pasar en el agua restos de imperios,
pero no los despojos de mi enemigo.
En el proceso me volví piedra, planta, raíz
y luego un poco de basura flotante
que se llevó entre sus ondas el Ganges.

Qué decepción: jamás me vi pasar,
nunca supe que yo era mi enemigo.

Las termitas

A las termitas dijo su señor:
Derribad esa casa.
Y llevan no sé cuántas generaciones
de perforar, de taladrar sin sosiego.

Hormigas blancas como el Mal inocente,
esclavas ciegas y de incógnito:
dale que dale en nombre del deber,
muy por debajo de la alfombra,
sin exigir aplauso ni recompensa
y cada cual conforme con su trocito.

Millones de termitas se afanarán
hasta que llegue el día en que de repente
el edificio caiga hecho polvo.

Entonces las termitas perecerán
sepultadas en la obra de su vida.

De punta en blanco

Gran pulcritud la de este baño lustral.
Me absuelve de estar vivo cada mañana.
Renazco de la noche y el sudor
y me bato de fango en mi chiquero.

El cortesano

De tanto condescender ha llegado a doblarse para siempre.
Su nariz topa con la punta del pie.
No levanta la voz ni alza la cara.
Se impulsa con las manos que se le han vuelto patas.

Una vez consumada la abdicación de su yo
y la entrega absoluta al César,
lo mandan cuestabajo de un puntapié
—y desciende rodando.

«Yo» con mayúscula

En inglés «yo», es decir «I»,
se escribe siempre con mayúscula.
En español la lleva pero invisible.

«Yo» por delante
y las demás personas del verbo
disminuidas siempre.

Por eso qué presunción decirle al mundo:
«Yo soy poeta».
Falso: «yo» no soy nada.
Soy el que canta el cuento de la tribu
y como «yo» hay muchísimos.

Ocupamos el puesto en el mercado
que dejó el saltimbanqui muerto.
Y pronto nos iremos y otros vendrán
con su «yo» por delante.

Solitaria

En el jardín de niños ninguna historia
me impresionó como el relato de Pedro.
Durante años
Pedro llevó en su vientre una tenia,
una serpiente blanca, una solitaria,
albina y ciega, que también era Pedro.

Así llevamos todos muy adentro la muerte
sin conocer su forma hasta que un día
sale de su escondite y dice: «Vámonos».

«Fumando espero»

Fumar, humear para taparse la cara.
Bípedo pulpo entre su tinta de humo.
Insecto exhalante,
mimetizado con el humo industrial
que vuelve crematorios a las ciudades.

Fumar, humear para meterse la nada
dentro del cuerpo como quien traga puñales.
Humo feroz que se resuelve en otro humo:
montón de huesos que el cremador pulveriza
con su martillo entre fumada y fumada.

El rey ha muerto

«Ya somos libres. Se acabó la opresión.
Desmantelemos el obsceno palacio.
En nuestra tierra no volverá a haber tiranos.»

Todo esto dijo y a continuación
se vistió con el manto y la corona,
aún manchados de sangre, del rey depuesto.

Anfiteatro

Atormentamos muchos animales con un propósito
científico:
para saber de nosotros mismos,
conocernos por dentro.

Atormentamos hombres y mujeres
para lograr el triunfo de la bondad
o el fracaso del Mal (según convenga).

Alguien está afilando el bisturí
que ha de sacar al aire nuestros nervios sangrantes,
los monstruosos conductos digestivos.

El público va entrando en el anfiteatro
y escoge los lugares de mejor vista.

I

El instante se ha llenado de azul.

Caminamos bajo la monarquía absoluta del sol.

Hay un total acuerdo
entre el estar aquí y estar vivos.

II

Alabemos el agua que ha hecho este bosque
y resuena
entre la inmensidad de los árboles.

Alabemos la luz
que nos permite mirarla.

Alabemos el tiempo
que nos dio este minuto y se queda
en otro bosque, la memoria, durando.

III

La tierra está impregnada de olor a mar.
La gloria de la tarde se alza en espuma.

IV

La noche se vuelve lluvia y desciende
a la negrura de la tierra,
crisol tangible
de la materia que se inventa siempre.

La oscuridad se dispersa
en las gotas de húmeda lumbre.

El agua enciende el alba.
Es su dádiva
otro día más de vida.

V

Tinta, sal y en la página ardiente
toma la forma
en que tu interna oscuridad se ilumina.

VI
(Haikú de la IBM PC)

Letras de luz
trazando en la pantalla
el poema que no existía.
[1984]

VII

Cama del sueño, lecho del amor, gabinete
de la lectura y la poesía, nave sin ancla
de la vida que va y no vuelve:
qué resignada esperas en silencio
ser al fin escenario de la muerte.

VIII

Sepia es el descolor de las fotografías amarilleantes
que en pocos años más se habrán borrado
(como sus pobladores fantasmales).

La vida adquiere consistencia de aire.
Permanece la luz
dentro y fuera del marco.

IX

El verso del pigmeo, la canción del zulú,
el lamento de los huicholes,
el amor de los esquimales…

Poesía que me permite salir de mí
y tener la experiencia de otra experiencia.
Poesía que humaniza a la humanidad
y nos demuestra:
nadie es menos que nadie.

x

Pan que al romperte dejas escapar
el calor de la tierra, la humedad
de aquel suelo en que fuiste espiga,
danos
el sencillo milagro de este placer,
acompaña la dicha de la amistad
y una vez más recibe nuestras gracias
por liberarnos de hambre y odio.

III

LOS NOMBRES DEL MAL

Al chorro del estanque abrí la llave
pero a la pena y al furor no pude
ceñir palabra consecuente y grave.

Salvador Díaz Mirón

LA SALAMANDRA

De esta noche se fue la luz. En tinieblas
vibra la llama de una vela. Mil sombras
en la pared cambiante, nube de piedra.

En las manchas del muro Leonardo vio
dibujarse la salamandra.
Nace del fuego o es de fuego. Encarna
la vida invulnerable que vuelve siempre.
Para encenderse y seguir ardiendo se nutre
de lumbre y muerte.

Cuando se acabe la noche,
cuando se extinga la vela,
consumirá su llama la salamandra
y entonces
de su muerte nacerá el sol.
Él también es fuego,
es vida y muerte: parece
la salamandra del incendio celeste.

CAÍN

Su nombre es testimonio de la Caída:
Caín, el can de la corrupción,
el perro rabioso
que la tribu mata a pedradas.
Caín, la propiedad, el poder, la soberbia.
Caín, la cárcel
del vulnerable cuerpo afligido
por el ansia de herir y dar la muerte.
Calcinación de furia homicida
para que abra la boca la tierra,
devore al muerto y produzca su fruto.
(Pero la sangre clamará venganza.)

Caín, caimán, calabozo, cadena
de capataz que sujeta al vencido
(su hijo, su hermano)
y lo convierte en bestia de labor y de carga.
Caín el canalla. Caín el cáncer
de la doliente humanidad que con él nacía.
Caín carnicero.
Caín el caos que reemplazó al paraíso.

Cardos y espinas lo que fue el Edén.
Sudor, dolor para labrar la tierra
que nos detesta
como intrusos depredadores.

El frío, el calor, el terremoto, el diluvio
o la sequía, la tempestad, la epidemia
muestran hasta qué punto nos aborrece la tierra:
nos ve como insectos
torturadores que la roen por dentro
y la saquean, envenenan, destruyen.

Caín no perdonó la afrenta de que su hermano
fuera alabado.
Y le dio muerte. Quizá
Abel también lo odiaba. (Al respecto
hay un silencio en el Génesis.)

Tal vez el precio de la Caída radique
en la fiera nostalgia de cada ser
que sin saberlo recuerda: Adán
tuvo el Edén sin compartirlo con nadie.
Eva no fue invasora ni semejante sino una parte
de su infinita perfección y su carne ilesa,
no esclavizada al transcurrir ni al dolor.

Caín mató a su hermano y abrió la historia.
«¿Qué hemos hecho?»,
habrá exclamado Adán frente a Eva,
primera Máter Dolorosa, Pietà
con el hijo muerto,
con la primera víctima, el primer eslabón
de la cadena interminable.
A través de su cuerpo herido vino la muerte
a compartir con el Mal el mundo.

Caín quedó condenado a ser extranjero errante
en el planeta del castigo,
a tener conciencia, a ser conciencia culpable.

Caín nuestro padre,
el fundador de las ciudades.

Hay un hombre que ha dejado de ser indefenso y falible.
Ahora es el rey. No se parece a los mortales. La adulación
edificó en su interior una estatua
y él se siente como ella.
De mármol es su carne
y las palabras salen de su boca
ya fijadas en bronce.
En lugar de vivir,
escribe con sus actos su biografía.
El cortesano
le dice en voz muy alta o en susurros: «Señor,
eres el sabio, el justo, el infalible, el más fuerte.
Y cuanto haces lo bendice tu pueblo.
Tú jamás te equivocas, y si no aciertas
aplaudiremos tus errores.
No escucharás
la ira de la turba ni el rezongo amarillo
de la impotencia y de la envidia. Permítenos
gozar el resplandor de tu corona.
Que nos envuelva tu manto
en el poder que es como el fuego sagrado.
No pienses
que muchos sufren por tus decisiones.
¿Acaso has meditado
en los animales que dan
su carne a tu banquete
o en los árboles

que fueron destruidos para hacer el papel
en que se estampan tus decretos?

»Mañana serás polvo y error. Sobre ti
descenderá el granizo de las condenas,
la flecha incendiaria
de las ballestas enemigas.
Pero no importa: eres el rey,
tuviste, tienes
lo que cien mil disputan y uno solo conquista.
En ti adquiere hueso y carne el poder.
Disfrútalo
porque sin él no serías nada.
No serás nada
cuando el poder, que también es prestado
y no se comparte,
salga de ti,
encarne en otro y de nuevo
seas como yo,
el indefenso, el falible,
el cordero entre zarzas que mira el trono
y ve cernirse contra él y su pueblo
la eterna sombra indestructible del buitre.»

ALTAR BARROCO

Homenaje a Rosario Castellanos

Pobreza de la imaginación ante lo simultáneo proliferante.
No puedo describir aquello que los ojos
logran en parte conquistar.
El goce no entiende muchas veces en qué consiste su placer.
Pese a todo,
debo intentarlo, debo reducir
a mi limitación lo ilimitado.

Esta inmóvil festividad recuerda la selva,
pero una selva dominada por la mano de quien la urdió.
No hay batallas de unas especies contra otras,
las hojas no combaten por robarse la luz y el aire,
ni plantas arboricidas rodean los altos troncos.
No hay guerra sino armonía, correspondencias, ecos y respuestas,
alianzas o más bien fecundaciones.
La forma es la lujuria, la precisión el delirio.
Abundancia no significa exceso. Nada sale sobrando.
Todo cumple un papel que no descifro pero intuyo.

He aquí la imagen de la Gloria, forjada
por los que habitan el infierno,
la fiesta de quienes se alimentan de tortillas con sal,
el homenaje de la deidad vencida para los dioses
vencedores.
Pero quién sabe
hasta qué punto triunfen,
porque el altar es también
piedra de sacrificios a otras cosmogonías
y en él dominan
los poderes del artesano-artista que no hizo el proyecto
pero al fin lo redujo a su sistema.

No es su reino este mundo. El reino de los cielos
aparece invertido como imagen
de lo que podría ser
la verdadera vida.
No el premio para el martirio esperanzado,
la aceptación de las iniquidades a nombre
de lo que nunca llega,
sino el rito solar
que al renovarse en cada amanecer
narra lo que el altar barroco dice en silencio
cuando la luz enciende los vitrales:

La tierra es nuestro paraíso y la hemos vuelto infierno.
Agradece sus dones. No la mates.
No permitas que te despoje el mal
bajo cualquiera de sus nombres:
codicia, crueldad, opresión, soberbia, desprecio, crimen.

El infierno está en todas partes y te asfixia.
El proyecto de cielo por asalto
puedes verlo de bulto
en este altar barroco.

ÍNDICE

III. *Los nombres del mal*